AF358939

LE PETIT SORCIER.

LE PETIT SORCIER,

AVIS AUX SPÉCULATEURS,

OU

L'ART INFAILLIBLE DE GAGNER

A LA *ROULETTE*, AU *TRENTE-UN*, AU *PASSE-DIX*, AU *BIRIBI*, ET A TOUS LES JEUX DE HASARD, DÉMONTRÉ PAR L'EXEMPLE;

SUIVI

Du mode d'organisation d'une Contre-Banque dans les Jeux de Paris, par action de 500, 1000 et 2000 francs, donnant droit aux actionnaires à un dividende fixe d'un produit annuel de 150 pour 100, payables par vingt-quatrième, le 15 et le 30 de chaque mois.

Ladite Contre-Banque, *pour être constituée en commandite, conformément à l'art.* 23 *du* Code de Commerce, *aussitôt qu'il y aura une suffisante quantité de souscriptions.*

PRIX : 2 FRANCS.

PARIS,

Chez MARTINET, LIBRAIRE, RUE DU COQ-ST.-HONORÉ, N. 15;
Et chez PETIT, LIBRAIRE DE LL. AA. RR., PALAIS-ROYAL, GALERIE DE BOIS, N. 257.

1824.

LE PETIT SORCIER,

AVIS AUX SPÉCULATEURS,

OU

L'ART INFAILLIBLE DE GAGNER

A LA *ROULETTE*, AU *TRENTE-UN*, AU *PASSE-DIX*,
AU *BIRIBI*, ET A TOUS LES JEUX DE HASARD,

DÉMONTRÉ PAR L'EXEMPLE;

SUIVI

Du mode d'organisation d'une Contre-Banque dans les Jeux de Paris, par action de 500, 1000 et 2000 francs, donnant droit aux actionnaires à un dividende fixe d'un produit annuel de 150 pour 100, payables par vingt-quatrième, le 15 et le 30 de chaque mois,

Ladite Contre-Banque, *pour être constituée en commandite, conformément à l'art. 23 du Code de Commerce, aussitôt qu'il y aura une suffisante quantité de souscriptions.*

CHAPITRE PREMIER.

§ 1ᵉʳ.

Caractère et fondement de l'entreprise.

La contre-banque est une opération aléatoire permise par l'art. 1964 du Code civil, qui est ainsi conçu :

« Le contrat aléatoire est une convention réci-
» proque, dont les effets, quant aux avantages et
» aux pertes, soit pour toutes les parties, soit
» pour l'une ou plusieurs d'entre elles, dépendent
» d'un événement incertain.

» Tels sont :

» Le contrat d'assurance,
» Le prêt à grosse aventure,
» *Le jeu et le pari,*
» Le contrat de rente viagère. »

§ 2.

Exposition du système.

Les plus grands calculateurs ont essayé, mais en vain, de soumettre à l'empire de la démonstration algébrique, la possibilité de rendre nuls les avantages des banques de jeux. Les d'Alembert, les Delaplace, et plusieurs autres mathématiciens célèbres, se sont sérieusement occupés de cet objet. Il ne fallait que le simple bon sens pour faire renoncer à ces calculs, ou plutôt pour n'en entreprendre aucun. Comment pouvait-on penser qu'il fût possible de détruire une opération mathématique, savamment combinée, par une autre opération de même nature, qui ne pouvait reposer que sur un faux système, puisque la première était reconnue vraie et invariable?

§ 5.

Avantage de la banque.

C'est un fait positif que l'administration des jeux a sur les joueurs une supériorité évidente ; que cette supériorité résulte au *Trente-un* du refait de trente-un, qui reparaît tous les trente et unième coups, et qui enlève aux ponteurs la moitié de leurs mises.

Ainsi, la banque fournissant 31 coups par quart d'heure, et les opérations étant tous les jours de 12 heures, elle amène dans ces douze heures 48 refaits de 31, qui lui donnent la moitié de ce qui se trouve engagé sur jeu. Et en supposant qu'il n'y ait, lors de chaque refait, que cent francs sur le tableau, elle a quarante-huit fois la moitié de cette somme, ce qui lui produit deux mille quatre cents francs.

A la *Roulette*, l'avantage est plus grand ; le zéro simple, qui est rouge, et le double zéro, qui est noir, sont les deux numéros que s'est réservés la banque ; ils reparaissent alternativement tous les dix-neuf coups, ce qui lui procure d'importans résultats.

Au *Passe-dix* et au *Biribi*, les bénéfices sont encore plus considérables ; il est donc certain que tout calcul, que toute opération algébrique ne peuvent détruire les avantages créés au profit de la banque.

§ 4.

Avantage des joueurs, supérieur à celui de la banque.

Mais, si la banque a un avantage réel sur la masse des joueurs par la force du système qu'elle a adopté, les joueurs isolément à leur tour en ont un sur la banque d'un autre genre. Le plus important est celui de diriger la marche du jeu, de déterminer et de fixer les mises, de les multiplier à leur gré, et dans les proportions qui leur conviennent le mieux ; il est encore de ne commencer à jouer que d'après tel nombre de coups qui leur paraissent les plus probables, et de graduer les masses dans les proportions qu'ils jugent utiles d'adopter.

§ 5.

Les calculs sont insuffisans pour jouer les jeux de hasard.

L'expérience a fait connaître que les personnes les plus versées dans la science des calculs sont les moins propres à jouer les jeux de hasard : la raison en est simple, ils ne reconnaissent de vrai que ce qui leur est démontré par la sévérité de leurs opérations, tandis que ce qui arrive est toujours le résultat d'un événement qu'il n'est pas possible de prévoir.

§ 6.

Influence des erreurs populaires.

Une autre expérience a encore fait connaître que l'homme le plus instruit, le plus fait pour mettre de côté les préjugés et les erreurs populaires, n'est pas à l'abri de se laisser séduire par des pensées de prédestination, par des calculs hyperboliques ; aussi, combien les rêveries de *Cagliostro* n'ont-elles pas eu d'empire sur de brillans génies, sur des personnes d'un caractère grave ? Son système cabalistique a troublé toutes les têtes, ses songes et ses rêves les ont aliénées. Mais les hommes en général aiment le merveilleux ; souvent ils sont la victime de leur crédulité, et ne reconnaissent l'erreur de l'influence des systèmes, même les plus absurdes, que lorsqu'il n'est plus possible d'y remédier.

§ 7.

Profession de foi de l'auteur.

L'auteur de cet écrit ne prétend pas blâmer ni approuver les différentes opinions d'après lesquelles les hommes se sont plus ou moins égarés dans leurs combinaisons ; quant à lui, ce qu'il va présenter, il l'offre à la sagacité et à la pénétration de ses lecteurs comme vérité palpable. L'évidence fera sa seule démonstration.

§ 8.

Capitaux nécessaires pour opérer avec succès.

Il partira d'abord d'un principe, qui n'a jamais été contesté, et qui ne pouvait pas l'être ; c'est que, pour pouvoir lutter avec la banque, il faut exposer autant de capitaux qu'elle. Ce point une fois reconnu, la banque ne peut soutenir avec succès le choc contre les joueurs, par la raison, comme on l'a déjà dit, que ceux-ci étant maîtres du calcul des progressions, et de varier ce calcul selon leur gré, les convenances et les diverses combinaisons qu'ils adoptent, il est de toute impossibilité que la banque puisse conserver sa prédominance apparente.

Quand on dit qu'il faut que les ponteurs exposent autant de capitaux que la banque, on entend dire qu'il faut qu'ils en exposent autant qu'elle en met en évidence sur chaque table de jeu.

§ 9.

24,000 *francs suffisent pour jouer toutes les combinaisons.*

Or, la banque ne tenant pas sur une seule chance au-delà de douze mille francs, et *craignant même de tenir plus*, toutes les marches possibles peuvent être jouées sans danger avec 24,000 francs : cette somme suffit à l'auteur de cet écrit pour gagner sans interruption.

§ 10.

Préférence pour la Roulette, et motif de cette préférence.

Le jeu de la Roulette est celui qu'il préfère,

1° Parce que la première mise se faisant à deux francs, il y a économie de capitaux, et un plus grand nombre de coups à jouer ;

2° Parce que les chances étant plus multipliées, les occasions de jouer se représentent plus souvent ;

3° Parce que le système corrélatif des chances, qui est la base essentielle de la combinaison sur laquelle on fonde tout l'avantage qu'on se promet d'obtenir, se trouve plus parfaitement, et plus régulièrement établi.

§ 11.

Certitude des opérations ; expériences à cet égard.

Ce système est si vrai, que jamais il n'a éprouvé de variation depuis plus de trois ans qu'il est soumis aux expériences multipliées qui ont été faites sur toutes les chances.

L'essai en a été fait nombre de fois sur les deux mille quatre cents tailles du Trente-un ; ce qui représente à peu près 60,000 coups, sur 12,000 coups du tableau de la Roulette, et sur un grand nombre de cartes particulières qui ont été piquées avec exactitude, et qui donnent plus de 100,000 coups; enfin les expériences journalières que l'on n'a pas discontinuées, et qui offrent un résultat de plus de 300,000 coups, sont des preuves irrécusables de l'efficacité du système.

§ 12.

Remarque essentielle.

On a poussé plus loin les démonstrations; on a fait jouer ensemble douze personnes les unes contre les autres, et des chances opposées, et toutes ont constamment gagné. On s'engage à renouveler ces expériences; l'on se propose aussi d'indiquer la manière d'opérer soi-même, pour se convaincre de l'exactitude des procédés, et on affirme d'avance que les douze personnes qui seront occupées à ce travail gagneront toutes, sans jamais perdre une seule fois; on pourrait même en faire jouer cent, deux cents à la fois, et l'on obtiendrait les mêmes résultats. Ceci paraît être une jactance, ou un phénomène; ce n'est cependant que le produit d'une combinaison juste, et de la force d'un problème affirmativement résolu.

§ 13.

Inconvéniens à éviter.

Un des plus grands inconvéniens attachés aux

jeux de hasard, et qui est presque toujours l'écueil des joueurs, c'est que lorsqu'ils cherchent une série à l'une des chances ; à la rouge, par exemple, cette série se détermine à la noire : en jouant les deux chances à la fois, cet inconvénient disparaît ; on rendra plus sensible par des exemples les démonstrations, et on les livrera au public, dans l'intention de le soustraire à la rapacité des maisons de jeux, et de guider au moins l'homme raisonnable dans la marche qu'il devra suivre.

§ 14.

Réponse à une objection que l'on peut faire.

On croit devoir prévenir ici une objection qu'on ne manquera pas de faire ; on dira : s'il faut 24,000 f. pour lutter avec avantage contre la banque, la généralité des joueurs n'a pas cette somme à exposer ; cela est vrai, mais l'objection ne détruit pas la bonté du système : c'est parce que la banque est supérieure en capitaux à la généralité des ponteurs qu'elle gagne ; et si l'on veut l'emporter sur elle, il faut se placer dans la situation où elle se trouve elle-même, ou ne pas jouer du tout.

§ 15.

Nécessité d'organiser une contre-banque par actions.

Pour parvenir à rivaliser la banque, on se réserve de présenter un mode d'exécution.

Ce mode consistera dans l'organisation d'une contre-banque, et dans la création d'actions de 500 à 2,000 fr., divisées par séries de 500, 1,000, 2,000 fr., dont le montant sera déposé chez des notaires, jusqu'à ce qu'il y ait suffisamment de capitaux pour commencer les opérations.

§ 16.

Capitaux nécessaires pour chaque table.

Ces capitaux seront fixés à 24,000 fr. pour chaque table de jeu, et à une égale somme de 24,000 fr., pour composer la réserve.

§ 17.

TABLEAU DE LA ROULETTE.

Ce tableau se compose de trente-huit numéros, dont deux zéros, l'un rouge, et le double zéro qui est noir, et de trente-six numéros, depuis un jusqu'à trente-six, divisés en trois colonnes de chacune douze numéros.

La moitié de ces numéros est rouge, l'autre moitié est noire; la moitié forme la manque, l'autre moitié la passe; la moitié est pair, l'autre moitié impair. Les numéros qui forment la manque sont ceux depuis 1 jusqu'à 18; ceux qui composent la passe sont ceux de 19 à 36. Le zéro rouge est impair et manque, le double zéro noir est pair et passe.

Tous les numéros à côté desquels se trouve le

signe que voici * sont rouges, les autres sont noirs.

		00		0*	
		1*	2	3*	
PASSE.		4	5*	6	**MANQUE.**
		7*	8	9*	
		10	11	12*	
		13	14*	15	
PAIR.		16*	17	18*	**IMPAIR.**
		19*	20	21*	
		22	23*	24	
		25*	26	27*	
NOIRE.		28	29	30*	**ROUGE.**
		31	32*	33	
		34*	35	36*	
12 p.	12 m.	12 d.			12 d.	12 m.	12 p.

§ 18.

Première marche aux chances.

La première marche à suivre, et qui devra fixer l'attention des observateurs, sera celle qui aura pour objet d'alterner les chances, et de ne commencer à jouer que d'après un coup de trois déterminé, soit à la rouge, à la noire, au pair, à l'impair, à la passe, à la manque.

Ainsi, l'on va supposer qu'il est sorti trois rouges de suite; dans ce cas, il faudra jouer la noire pour le coup de deux, ou le *paroli*, après lequel, si l'on gagne, on relevera les masses gagnées, pour attendre un nouveau coup de trois. Si l'on perd, il faudra continuer à jouer le deuxième coup pour le coup d'unité, ou, si l'on aime mieux le coup simple, le coup unique; après lequel, si l'on gagne, l'on relève la masse gagnée, pour attendre un nouveau coup de trois. Si l'on perd, il faudra continuer à jouer le deuxième coup pour le coup d'unité, et le troisième pour le coup de deux, et ainsi de suite, jusqu'à la fin des mises, qui devront être faites au nombre de 19, dans l'ordre tracé par le tableau suivant :

15

§ 19.

Tableau n° 1ᵉʳ.

	Mises.	Bénéfice.
Premier coup pour le coup de deux, ou *paroli*. . .	2	6
2ᵉ pour l'unité	3	1
3ᵉ paroli.	2	1
4ᵉ unité.	8	1
5ᵉ paroli.	6	3
6ᵉ unité.	22	1
7ᵉ paroli.	15	3
8ᵉ unité.	60	2
9ᵉ paroli.	40	2
10ᵉ unité.	160	2
11ᵉ paroli.	107	3
12ᵉ unité.	430	5
13ᵉ paroli	287	6
14ᵉ unité.	1,148	6
15ᵉ paroli	766	8
16ᵉ unité.	3,060	4
17ᵉ paroli	2,040	4
18ᵉ unité.	8,160	4
19ᵉ paroli	5,440	4
Total des mises. . . .	21,756	»

§ 20.

Supériorité de cette marche.

Cette marche est une des meilleures qui aient été

conçues jusqu'ici, et il n'y a pas d'exemple qu'elle ait été mise en défaut ; pour perdre , il faut éprouver une série de 22 coups , sans avoir obtenu un coup de deux , ou un simple coup d'unité.

Ce mélange du coup simple avec le coup de deux est funeste pour la banque, et présente l'avantage d'une série de 18 coups au coup simple. La bonté du système rentre dans la combinaison mathématique que voici.

§ 21.

Progression mathématique.

La banque, au premier coup, paie une masse pour *une* ; au deuxième, en laissant les deux masses, il en résulte pour le ponteur un bénéfice de *trois* ; au troisième, de *sept* ; au quatrième, de *quinze* ; au cinquième, de *trente et une* ; au sixième, de *soixante-trois* ; au septième, de *cent vingt-sept* ; au huitième, de *deux cent cinquante-cinq* ; au neuvième, de *cinq cent neuf* ; au dixième, de *mille dix-sept* ; au onzième, de *deux mille trente-trois* ; au douzième, de *quatre mille soixante-cinq* ; au treizième, de *huit mille cent trente-un* ; au quatorzième, de *seize mille deux cent soixante et un* ; au quinzième, de *trente-deux mille cinq cent vingt-trois* ; au seizième, de *soixante-cinq mille quarante-sept* ; au dix-septième, de *cent trente mille quatre-vingt-quinze* ; au dix-huitième, de *deux cent soixante mille cent quatre-vingt-onze.*

Ainsi, si le banquier tenait indéfiniment telle somme que ce fût, et qu'il convint au ponteur, en mettant une somme de deux francs sur l'une des chances, de la laisser passer dix-huit fois sans rien retirer, cette pièce produirait 260,181 masses, qui donneraient un bénéfice, pour deux francs, de 520,382 fr.

Et par l'opération inverse, lorsque le ponteur jouerait contre la banque, il y aurait, au premier coup, un contre *un* à parier qu'il ne gagnerait pas; au deuxième, *trois*; au troisième, *sept*; au quatrième, *quinze*; au cinquième, *trente et un*; et enfin au dix-huitième, *deux cent soixante mille cent quatre-vingt-onze* masses.

La banque mettant le ponteur dans cette situation, le ponteur à son tour la place dans la même catégorie; et comme le ponteur est le maître de tracer son jeu comme il lui convient, il faut que la banque lui amène, sans interruption, dix-huit fois la même chance pour le faire perdre; dès-lors il y a 520,382 fr. à parier contre 2 fr. qu'elle n'amène pas ce coup.

§ 22.

Moyens certains de gagner.

Pour gagner aux jeux de hazard, il faut se pénétrer d'une grande vérité : c'est qu'avec l'argent nécessaire, et une marche bien combinée, il faut encore se résoudre à vouloir gagner peu; en cela, il faut imiter la banque, dont les gains sont très-bornés, à raison des frais immenses qu'elle a à faire, des charges qu'elle supporte, et il est reconnu que, toutes dépenses prélevées, les actionnaires ne retirent pas de leurs capitaux plus de dix-huit à vingt pour cent par année; il n'y a pas un seul joueur qui voulût se contenter d'un aussi mince bénéfice; aussi tous laissent-ils leur argent à la banque; c'est le sort inévitable qui leur est réservé.

Il faut donc, pour gagner constamment à ces sortes de jeux, de l'argent en suffisante quantité, des marches bien tracées, bien coordonnées, une extrême prudence dans l'exécution, et borner les bénéfices pour les voir se multiplier de jour en jour, et finir par en obtenir d'immenses.

§ 23.

Avantages offerts aux actionnaires.

On pourrait garantir à une réunion d'actionnaires cent cinquante pour cent par année, produit énorme, quand on démontre que le capital n'est que faiblement exposé, et même qu'il ne l'est pas du tout. Il n'y a point d'opérations aléatoires qui offrent des chances aussi favorables.

Les tableaux qui vont être rapportés ici indiquent la manière de jouer avec certitude ces différens jeux, et porteront jusqu'à la dernière évidence la conviction que l'opération est miraculeuse.

§ 24.

Aperçu du produit de chaque table.

La marche que retrace le tableau n° 1ᵉʳ ne peut être jouée, ainsi qu'on l'a dit, qu'après le coup de trois à l'une des six chances, et qui se représente à peu près 250 fois sur les 1500 boules qui sont tirées dans le courant de la journée. Mais comme les ponteurs ne peuvent guère jouer que les deux tiers des coups, on estime que le bénéfice de chaque jour doit s'élever à 60 fr.

En jouant les six chances, la rouge, la noire, le pair, l'impair, la passe, la manque, chaque chance devant produire 60 fr., les six donnent un résultat de 360 fr. par jour, qui, multipliés par 330 jours que les jeux sont ouverts, produisent 128,100 fr.

§ 25.

Frais à déduire et bénéfice réel.

Sur cette somme, il faut déduire les frais d'administration et d'employés, les frais et faux frais, le loyer, les dépenses imprévues, la rétribution de l'auteur de l'entreprise, ce qui s'élèvera à la moitié ; par conséquent il ne restera que 62,050 fr. à partager entre les actionnaires, pour un capital double de 24,000 fr., parce qu'il faut toujours une masse de réserve ; ainsi chaque actionnaire retirera de son argent, comme on l'a annoncé, 150 pour cent, et qu'il a le droit de s'assurer en demandant à traiter à dividende fixe.

§ 26.

Importance de l'opération, et à qui elle ne peut convenir.

Cette opération est une des plus brillantes que l'on puisse faire; mais elle ne peut convenir à des joueurs de profession. Ces personnes veulent, avec peu, gagner beaucoup, et rapidement; ou s'ils exposent beaucoup, ils veulent, dans une seule séance, doubler leur capital, et quelquefois le tripler. Ils osent même concevoir l'extravagant projet d'anéantir la banque; mais l'on ne peut obtenir d'avantage réel sur elle que par une extrême prudence, des chances bien choisies, bien coordonnées, qui, en définive, ne doivent donner que très-peu de bénéfices, mais des bénéfices certains.

§ 27.

Les spéculateurs seuls peuvent jouir des avantages de la contre-banque.

Ce n'est donc pas pour les joueurs que l'on présente ce travail, mais pour les spéculateurs méthodiques, qui peuvent aussi bien engager leurs capitaux dans des opérations de jeu que de jouer à la hausse ou à la baisse, ou les employer dans d'autres opérations aléatoires, telles que les assurances maritimes, les tontines, etc., qui sont moins certaines, et qui n'offrent pas d'ailleurs des produits aussi considérables, aussi réels, et aussi prompte-ment réalisés.

§ 28.

Préjugés contre les opérations de jeu.

Il faut convenir cependant qu'il existe un préjugé contre les opérations de jeu ; mais ce préjugé est aujourd'hui bien peu de chose, depuis que les jeux sont publics, à la mode, et tolérés. Pourquoi ne pas profiter des avantages qu'ils peuvent offrir ? Une opération sur les jeux est une opération aléatoire, comme une autre de la même classe, et qui, comme on l'a dit plus haut, est permise par l'art. 1964 du code civil.

§ 29.

C'est un abus que de ne pas profiter des avantages que nous offrent les spéculations.

Vaut-il mieux se laisser ruiner par une banque qui regorge d'or, dont les employés sont autant de milords, tandis que rien n'est plus facile que de lui faire restituer une partie des capitaux qu'elle enlève chaque jour aux têtes exaltées, aux calculateurs sans combinaison, aux hommes qui veulent tout avoir avec peu ; enfin à ceux qui ne sont jamais contens des avantages qu'ils obtiennent momenta-nément, et qu'ils ne trouvent pas assez importans, leur ambition étant d'enlever la banque, ce qui, il faut bien s'en pénétrer, est la chose impossible, car la banque des jeux est comme le phénix, elle renaît de sa propre cendre?

§ 30.

Marches auxquelles on a donné la préférence.

Sur la généralité des marches et des combinaisons plus ou moins favorables qui ont été créées, et qui sont toutes infaillibles, on s'arrête à quatre, auxquelles on a donné la préférence.

Celle du tableau numéro 1, dont il a déjà été parlé, et celles des numéros 2, 3 et 4, dont on va donner la description.

§ 31.

Procédés à employer.

Il ne faut pas perdre de vue une chose des plus essentielles à ce jeu, c'est que, comme on l'a déjà annoncé, les chances doivent être alternées, c'est-à-dire qu'il ne faut pas jouer les mêmes constamment, et qu'il faut les varier de demi-heure en demi-heure. Les coups se multipliant à l'infini, il est sensible qu'en jouant constamment la même chance, le coup qui doit faire perdre le ponteur doit finir par arriver; au lieu qu'en alternant les chances, en les coupant, ce qui est la même chose, l'on évite cet inconvénient, qui est d'une grande importance, et dont l'observateur seul a pu remarquer les effets:

il faut donc qu'en jouant, d'après le système du tableau numéro 1, les six chances à la fois, opération pour laquelle on doit employer six ponteurs, que ces six ponteurs alternent entre eux, c'est-à-dire qu'ils passent de la noire à la rouge, de la rouge au pair, de l'impair à la manque, et du pair à la passe, ce qui établit le système corrélatif des chances. En pratiquant avec exactitude ce procédé, l'on peut regarder comme certains les bénéfices que l'on veut obtenir.

§ 32.

Deuxième marche aux chances.

Cette marche consiste à jouer un tiers et le tout contre un coup de quatre, et d'obtenir deux coups de gain isolés dans l'intervalle d'un coup de quatre à un autre.

Ce tiers et le tout étant composé de vingt-un coups, il faut dix coups de quatre pleins pour faire perdre le ponteur, ce que l'on peut regarder comme chose impossible.

Cette marche se joue de cette manière : on attend qu'il y ait deux rouges de sorties ou deux noires, deux pairs ou deux impairs, deux passes ou deux manques ; alors on pose sur la chance opposée à celle qui est sortie, dans l'ordre suivant :

§ 33.

Tableau n° 2.

1re mise.	2
2e.	4
3e.	4
4e.	8
5e.	8
6e.	16
7e.	18
8e.	36
9e.	42
10e.	84
11e.	96
12e.	192
13e.	220
14e.	440
15e.	504
16e.	1,008
17e.	1,152
18e.	2,304
19e.	2,640
20e.	5,280
21e.	7,030
TOTAL des mises. .	21,088

§ 34.

Explication indispensable.

A ce jeu, il faut avoir l'attention de diviser son argent par deux masses, et toujours de deux en deux, ainsi qu'on l'a fait dans le tableau ci-dessus. On en joue d'abord une; et si l'on gagne, on réunit le gain à ces deux masses pour les partager ensuite, ainsi qu'on va l'établir par un exemple.

§ 35.

Exemple.

Le ponteur a mis en commençant à jouer 2 fr. sur la rouge, et il a gagné; il a eu 2 fr. de bénéfice; il faut réunir ces 2 fr. aux 6 qui forment les deux premières masses, ce qui fera 8 fr. On partagera ces 8 fr. en deux parties, la première de 3 fr., la seconde de 5. On jouera celle de 3 fr., et si l'on gagne, on aura gagné deux fois; alors on cessera de jouer pour attendre un nouveau coup de deux. Si, au contraire, on perd le coup, on jouera les 5 fr., et si l'on gagne cette masse, l'on aura fait un profit de 4 fr.; alors on attendra un nouveau coup de deux pour recommencer.

§ 36.

Autre manière de jouer à la roulette.

Il est une autre manière de jouer ce jeu, qui présente aussi d'immenses avantages, et qui est tracée par le tableau numéro 3 ci-après.

Elle consiste à jouer la colonne qui se trouve en retard de huit coups, et de la martingaler vingt-deux fois dans les proportions qui vont être établies; cette marche peut se jouer avec 18,603 fr.

§ 37.

Troisième marche aux colonnes.

Ce jeu se joue indistinctement aux colonnes transversales ou aux colonnes perpendiculaires.

Les colonnes transversales sont celles composées des douze premiers numéros, des douze du milieu, et des douze derniers.

Les colonnes perpendiculaires sont celles composées chacune de douze numéros, dont la première est la colonne du 34, la seconde du 35 et la troisième du 36. Pour donner un exemple : Si les douze numéros premiers ne sont pas sortis dans huit boules qui auront été tirées, il faut jouer cette colonne; il doit en être de même à l'égard des numéros qui forment les colonnes perpendiculaires.

Pour rendre plus sensible la manière de jouer ce jeu, on va supposer les numéros que le hasard aura fait sortir. Ce sont les numéros 15, 21, 27, 32, 14, 19, 29, 31 ; il est évident que la colonne transversale, composée de un à douze, n'a pas donné; par conséquent on doit jouer cette colonne en suivant la progression tracée par le tableau qui suit.

§ 37.

Tableau numéro 3.

	Mises.
1ère	2
2e	2
3e	3
4e	4
5e	6
6e	9
7e	14
8e	22
9e	32
10e	48
11e	72
12e	108
13e	162
14e	243
15e	365
16e	542
17e	815
18e	1,224
19e	1,835
20e	2,765
21e	4,130
22e	6,200
TOTAL des mises.	18,603

§ 39.

Remarque à ne pas oublier.

Il faut avoir l'attention à ce jeu, comme à celui dont on a précédemment donné la démonstration, de varier les chances, car c'est, comme on l'a déjà répété plusieurs fois, une des bases essentielles du système; il faut aussi une patience que n'a pas la généralité des joueurs; on le répète, c'est pour les spéculateurs que l'on écrit, et ceux qui adopteront le système que l'on développe ici s'en trouveront bien.

§ 40.

Quatrième marche aux colonnes.

Cette quatrième marche, qui ne le cède point aux trois autres, consiste à jouer deux colonnes contre une, au paroli, après que deux ont été cinq coups sans sortir.

On va rendre cela sensible par deux exemples.

§ 41.

Premier exemple.

Les numéros 2, 16, 10, 14, 4 sont sortis; les numéros, savoir : le 2, 10 et 4 appartiennent aux douze premiers, et les numéros 14 et 16 aux douze du milieu; la chance à adopter dans ce cas est de

jouer une pièce sur la colonne des douze derniers,
et une autre pièce sur la colonne perpendiculaire
du 36, parce que la colonne du 36 a été cinq coups
sans donner, ainsi que la colonne transversale des
douze derniers. A ce jeu . on ne doit pas relever son
argent que l'on n'ait gagné deux fois de suite.

§ 42.

Deuxième exemple.

Le ponteur a placé son argent, savoir : une
masse sur la colonne perpendiculaire du 36, et une
autre sur la colonne transversale des douze premiers; il est sorti le numéro 27, la colonne transversale a perdu, mais la colonne du 36 a gagné,
parce que le numéro 27 fait partie de cette colonne.
Dans ce cas, le ponteur doit prendre la moitié de
la masse qui se trouve sur la colonne du 36, et la
reporter sur les douze premiers pour tenter de gagner le second coup; et il doit laisser l'autre moitié sur la colonne qui vient de gagner. La banque
continue de jouer et amène le numéro 2; comme ce
numéro fait partie des douze premiers, le porteur a
gagné; il a par conséquent gagné deux coups de
suite, puisque le 27 qui est sorti, l'avait fait gagner
sur la colonne du 36.

Les mises doivent se faire conformément au tableau suivant :

§ 43.

Tableau numéro 4.

		Mises.
1ère	. . . .	4 f.
2^e	. . . .	4
3^e	. . . .	8
4^e	. . . .	16
5^e	. . . .	28
6^e	. . . .	54
7^e	. . . .	100
8^e	. . . .	180
9^e	. . . .	340
10^e	. . . .	600
11^e	. . . .	1,100
12^e	. . . .	2,000
13^e	. . . .	3,600
14^e	. . . .	6,460
15^e	. . . .	11,700
TOTAL des mises.	.	26,194 f.

Il faut encore s'armer de patience pour jouer ce jeu; mais ce n'est que par l'extrême prudence que l'on peut parvenir à réussir : aussi en est-on bien dédommagé lorsque l'on obtient pour résultat *cent cinquante pour cent de son argent.*

§ 44.

Observations générales.

L'on ne parle point ici des autres combinaisons que l'on pourrait indiquer ; ce serait diviser l'attention des spéculateurs et les distraire de l'objet principal. La première et la seconde des marches que l'on a tracées peuvent s'appliquer au trente-un, comme à la roulette, à la différence qu'elle est moins avantageuse au trente-un, parce que les mises commençant par 5 fr., la martingale ne peut être portée aussi haut qu'à la roulette.

Les autres combinaisons pourraient être jouées au passe-dix et au biribi, mais on ne les a pas indiquées ici, ces jeux n'étant pas aussi favorables que la roulette ; il faut donc s'en tenir à ce dernier jeu pour faire une spéculation sûre et avantageuse ; et pour cela, il faut bien se garder de jouer soi-même. Le ponteur le plus froid, le plus impassible, n'a jamais assez de patience pour conduire loin la marche qu'il aura adoptée ; il se trouve toujours dans l'une des deux situations que l'on va indiquer.

§ 45.

Situation, alternative du joueur.

Ou il gagne, ou il perd ; s'il gagne, l'ambition s'empare de lui, et il veut tenter de gagner davantage et plus rapidement. S'il perd, il ne trouve pas que les coups qu'il gagne se répètent assez souvent pour pouvoir récupérer la perte et faire ensuite des bénéfices ; dans ces deux cas, il ne joue plus la marche qu'il avait adoptée, il suit l'impulsion de sa tête, qui est échauffée, et il succombe infailliblement.

§ 46.

Nécessité de faire jouer, au lieu de jouer soi-même.

En faisant jouer, au contraire, l'opération est bien plus sûre ; ceux qui sont employés ne peuvent s'écarter de la marche qui leur est tracée ; ils se surveillent, se contrôlent les uns les autres ; ils ont des inspecteurs qui les dirigent, et comme ils jouent avec la même impassibilité que les agens de la banque, les bénéfices sont assurés.

Cette digression amène naturellement à tracer ici le mode d'organisation d'une contre-banque, et à présenter le plan d'actions qu'il est convenable d'adopter.

CHAPITRE II.

ORGANISATION.

Plan d'organisation de la Contre-Banque dans les Jeux de Paris.

RÈGLEMENT STATUAIRE.

La contre-banque sera constituée en commandite, conformément à l'article 23 du Code de commerce.

L'acte qui la constituera sera passé par-devant notaires, et sera rédigé d'après les bases suivantes :

ARTICLE 1er. *Nature.* — La contre-banque dans les jeux de Paris sera régie sous un nom social.

ART. 2. *Domicile.* — Le domicile de la contre-banque sera à Paris.

ART. 3. *Durée.* — La durée sera fixée pour tout le temps qu'auront lieu les jeux publics de Paris.

ART. 4. *Objet.* — La contre-banque aura pour objet de spéculer sur les jeux, et de faire jouer contre la banque, d'après des méthodes approuvées et reconnues bonnes.

ART. 5. *Capitaux à employer ; création d'actions.* — Les fonds nécessaires à cette opération seront de 24,000 fr. pour chaque table, et d'une égale somme de 24,000 fr., qui devra composer la réserve. Ils seront formés par actions; ces actions

seront nominatives, ou au porteur, au choix des actionnaires.

Art. 6. *Division des actions par séries.* — Les actions seront
divisées en séries.

La première sera composée d'actions de 5oo fr.
La seconde de 1,000 fr.
La troisième de 2,000 fr.

Art. 7. *Registre à souche.* — Les actions seront détachées
d'un registre à souche, revêtues de signatures convenables et
d'un timbre, pour en assurer l'authenticité.

Art. 8. *Caisse à quatre clefs.* — Les fonds provenant des
actions seront déposés dans une caisse à quatre serrures différentes, dont une clef sera entre les mains du caissier, une entre
les mains du commanditeur, une entre les mains du président
de l'administration, et la quatrième entre les mains d'un représentant des actionnaires.

Art. 9. *Emploi des fonds.* — Les fonds provenant des actions seront exclusivement affectés aux opérations de la contre-banque, sans que l'on puisse jamais en distraire la plus
petite partie pour d'autres spéculations.

Art. 10. *Mise en activité des opérations.* — La compagnie
sera mise en activité lorsqu'il y aura suffisamment de capitaux
pour organiser deux tables. Les autres seront successivement
montées de deux en deux.

Art. 11. *Dépôt provisoire des fonds.* — Les fonds seront
provisoirement déposés chez MM.
notaires de la contre-banque, et n'en pourront être retirés que
par un ordre administratif approuvé par le commanditeur, et
du consentement des inspecteuts-généraux représentant les
actionnaires.

Art. 12. *Avantages des premiers actionnaires.* — Les actionnaires qui auront fourni les capitaux pour monter les deux
premières tables, recevront pour indemnité des fonds qu'ils

auront remis pour être exposés en banque, un dividende fixe de 15o pour cent par année, qui leur sera payé tous les quinze jours, à compter du moment où commenceront les opérations, et sans qu'ils puissent, sous aucun rapport, prétendre avoir part aux bénéfices généraux, à moins qu'ils ne représentent une stipulation contraire.

Art. 13. *Concessions du commanditeur.* — Pour donner à la contre-banque toute la consistance qu'elle doit avoir, et présenter aux actionnaires les garanties convenables dans une semblable entreprise, le commanditeur a résolu d'organiser la compagnie administrativement; en conséquence, l'administration sera formée de trois à six administrateurs, d'un secrétaire-général et d'un caissier-général, et qui seront à la nomination du commanditeur.

Art. 14. *Obligation du commanditeur.* — La compagnie devant être établie sous un nom social, la personne qui sera dénommée sera responsable de tous les engagemens, de telle nature qu'ils soient, qui pourront être pris par l'administration, dont toutes les parties, pour être valables, seront approuvées par le commanditeur.

En conséquence, il s'interdira toute opération particulière qui pourrait donner lieu à prendre des engagemens relatifs à ladite entreprise, sans le concours des administrateurs.

Art. 15. *Nomination des employés.*—Comme le commanditeur est le seul responsable, les employés sont à sa nomination par voie d'approbation; alors les agens de la compagnie seront choisis par les administrateurs; ils délivreront les diplômes sans que cette délivrance puisse les assujétir à aucune responsabilité personnelle, attendu qu'ils ne sont que des mandataires, et qu'ils ne répondent que de leurs faits personnels.

Art. 16. *Attribution des administrateurs.* —Les administrateurs n'étant que des gérans, leurs attributions ne pourront s'étendre au-delà de ce qui leur sera tracé par les statuts. Il sera alors stipulé qu'ils n'auront aucun droit direct ni indirect sur la caisse, mais seulement l'application des fonds donnés par les actionnaires pour en faire tourner les avantages au profit de l'institution.

ART. 17. *Leurs fonctions.* — Les principales fonctions de MM. les administrateurs consisteront à diriger toutes les parties de l'entreprise, à faire rendre compte aux chefs de parties, inspecteurs et porteurs des sommes qui leur auront été confiées pour jouer, ainsi que de celles qui auront été gagnées; ils changeront les employés s'ils ne remplissent convenablement leur devoir, et veilleront à ce que lesdits actionnaires et employés soient exactement payés, savoir les actionnaires de leur dividende, et les employés de leur traitement, aux termes convenus, c'est-à-dire, le quinze et le trente de chaque mois.

ART. 18. *Mode des délibérations.* — Les délibérations de l'administration ne seront valables qu'autant qu'elles auront été prises par la majorité des administrateurs; en cas de partage, la voix de celui qui présidera comptera pour deux.

ART. 19. *Compte à rendre par les administrateurs.* — En tout temps, et quand il l'exigera, les administrateurs devront compte au commanditeur de la gestion de l'entreprise.

ART. 20. *Agens des actionnaires; leur choix.* — Deux inspecteurs-généraux des opérations de la compagnie seront nommés par les actionnaires pour veiller à leurs intérêts: pour concourir à la nomination, il faudra être porteur de 4,000 d'actions et pour être élu, de 6,000 fr.

ART. 21. *Employés de la compagnie.* — Les employés de la contre-banque seront partagés en deux classes, savoir:

Les employés intérieur.
Les employés extérieur.

Employés intérieur.

MM. Les administrateurs.
Le secrétaire-général.
Le caissier-général.
Les chefs de division.
Les sous-chefs.
Les commis aux écritures.

Employés extérieur.

MM. Les chefs de parties de première classe.
Les chefs de parties de deuxième classe.
Les inspecteurs de première classe.
Les inspecteurs de deuxième classe.
Les ponteurs de première classe.
Les ponteurs de deuxième classe.
Les marqueurs.
Les employés divers.

Art. 22. *Traitemens et honoraires.* — Les honoraires ou traitemens des agens intérieur et extérieur de la contre-banque seront fixés dans le tableau ci-dessous, art. 55.

Art. 23. *Agent particulier du commanditeur.* — Quant à la nomination et aux honoraires des agens particuliers du commanditeur, lui seul y pourvoira et leur imposera les conditions qu'il jugera convenables; cette dépense fera état dans les comptes généraux.

Art. 24. *Préférence accordée aux premiers actionnaires.* — Les actionnaires, les administrateurs et les employés de l'organisation primitive, c'est-à-dire ceux qui auront concouru à élever les deux premières tables en fournissant les capitaux nécessaires pour cet objet, seront préférés à toutes les autres personnes pour se rendre actionnaires au fur et à mesure qu'il conviendra à l'administration de l'entreprise d'élever de nouvelles tables ; ils seront prévenus à cet égard, et toujours quinze jours d'avance, des résolutions de l'administration.

Art. 25. *Seul cas de dissolution de l'entreprise.* — Le commanditeur ne pourra cesser son entreprise que dans le cas où il serait établi que le montant total des actions serait épuisé d'après les pertes, si le cas arrivait, qui auraient été éprouvées par la contre-banque. Hors cette circonstance, dans aucun cas il ne pourra faire prononcer la dissolution de l'entreprise, pour l'exécution de laquelle toutes les dispositions relatées au présent seront observées.

Art. 26. *Préférence accordée aux premiers actionnaires.* — Comme il est convenable et de justice que dans une entreprise dont les bases reposent sur des opérations aléatoires, de faire jouir les premiers souscripteurs d'avantages primitifs, que ne peuvent point espérer d'obtenir ceux qui se lient à l'affaire, lorsqu'elle est complètement réussie, ce qui fait disparaître le caractère d'éventualité que pouvaient présenter les opérations aux premiers actionnaires ; ceux-ci, indépendamment des cent cinquante pour cent qui leur sont accordés du montant de leurs actions, jouiront d'un supplément d'avantage dans l'ordre suivant :

Lorsqu'il y aura quatre tables de montées, ils jouiront d'un supplément de dividende de dix pour cent par action ; lorsqu'il y en aura six, de vingt pour cent, huit, de trente, dix, de quarante, douze, de cinquante, quatorze et au-dessus de soixante.

Art. 27. *Dividende des actionnaires secondaires.* — Les actionnaires qui composeront les fonds pour élever ces différentes tables, ne jouiront que des avantages ci-après.

SAVOIR :

Pour les deux tables qui suivront les deux premières. . . . . 15o f. »

Pour les deux qui suivront les quatre premières. . . . . 120 »

Pour les deux qui suivront les six premières. 11o »

Pour les deux qui suivront les huit premières. 1oo »

Pour les deux qui suivront les dix premières. 9o »

Pour les deux qui suivront les douze premières. . . . . 8o »

Pour toutes les autres de deux en deux. . . 7o »

Art. 28. *Réserve au profit des employés.* — Le zèle, l'activité, l'exactitude devant être récompensés dans les employés, il sera fait une réserve tous les ans de cinq pour cent du montant total des actions, qui sera mise à la disposition de l'administration, pour être distribuée à ceux des employés qui auront rempli leur devoir avec plus de zèle et d'exactitude, et surtout à ceux qui auront observé avec ponctualité les marches qu'ils auront été chargés de suivre.

MM. les administrateurs seront les dispensateurs de la rétribution de ces cinq pour cent, entre tous ceux qui auront mérité d'y participer.

Art. 29. *Réserve au profit des administrateurs.* — Il sera également mis en réserve tous les ans, cinq pour cent, pour être répartis entre messieurs les administrateurs.

Art. 30. *Priviléges en faveur des premiers actionnaires.* — Les règles établies pour les premiers actionnaires ne pouvant pas être les mêmes que celles qui sont applicables à ceux qui n'auront pas concouru à la première formation de l'entreprise, l'équité voulant que les premiers reçoivent des avantages, à raison des chances plus ou moins favorables qu'ils auront eues à courir, il sera dit, quant à eux, que le quart des bénéfices, qui auront été faits, tous frais prélevés, sera mis en réserve, chaque jour, pour les rembourser du capital par eux avancé, et dont ils auront la faculté de demander la distribution aussitôt que le complément du montant de leurs actions aura eu lieu. Le remboursement qui leur sera fait ne les empêchera point de jouir des avantages qui leur seront accordés par les statuts.

ART. 51. *Renonciation des actionnaires à toute répétition en cas de perte.* — Au moyen des concessions faites par le commanditeur, messieurs les actionnaires déclareront sans réserves, attendu la chance que chacun d'eux aura à courir, que dans le cas où les fonds exposés en banque seraient perdus, leur intention a été d'en courir le risque, et que c'est en conséquence qu'il leur a été présenté les avantages ci-dessus développés, ce qui n'aurait pu avoir lieu sans cette circonstance : mais ils auront part aux fonds qui n'auraient pas été perdus, lesquels seraient partagés, les frais d'administration prélevés, à compter du jour où l'événement serait arrivé.

ART. 52. *Droit des commanditeurs.* — Lorsque les actionnaires auront été payés de leur dévidende tous les quinze jours, et les employés de leurs traitemens aux mêmes époques, le commanditeur disposera des capitaux gagnés ainsi qu'il le jugera convenable.

ART. 53. *Conditions imposées aux agens de la contre-banque; leur traitement.* — Les agens et employés de la contre-banque désignés en l'article 21 ci-dessus, devront se rendre actionnaires et contribuer aux frais d'organisation, conformément au tableau ci-après.

Tableau des agens intérieur et extérieur de la compagnie.

AGENS INTÉRIEUR.	Nomb. d'Act.	Contrib.	Traitement.
Administrateurs. . . .	6000 f.	300 f.	6000 f.
Secrétaire-général . .	4000	200	4000
Caissier-général . . .	4000	200	4000
Chefs de division . . .	3000	150	3000
Sous-chefs.	2000	100	2000
Commis.	1000	60	1200
AGENS EXTÉRIEUR.			
Chefs de partie de première classe. . . .	4000	200	4000
Idem de deuxième classe.	3000	150	3000
Inspecteurs de première classe.	3000	150	3000
Idem de deuxième classe.	2000	100	2000
Ponteurs de première classe.	1800	80	1800
Idem de deuxième classe.	1500	75	1500
Marqueurs.	1000	60	1200
Employés divers . . .	1000	50	1000

ART. 54. *Cautionnement.* Il sera fourni un cautionnement en argent ou en immeubles par tous ceux qui auront le maniement des fonds de la contre-banque, à moins qu'il ne convienne à l'administration de les en dispenser.

ART. 55. *Priviléges de la contre-banque sur les cautionnemens.* — Tout cautionnement garantira par privilége la gestion du titulaire.

ART. 56. *Remise des cautionnemens.* — Les cautionnemens

seront rendus, après cessation des fonctions et libérations des titulaires , sur décision de l'administration, approuvée par le commanditeur.

Art. 37. *Contribution des actionnaires aux frais d'organisation.* — Tous les actionnaires devront contribuer aux frais d'organisation , à raison de la valeur de chaque action ,

SAVOIR :

Pour les actions de. . . .	500 f. »	25	»
Pour les actions de. . . .	1000 »	50	»
Pour les actions de. . . .	2000 »	100	»

Art. 38. *Cas d'après lequel les actionnaires pourront reprendre leurs capitaux.* — Si d'ici au
il n'y avait pas suffisamment de souscripteurs pour former le capital nécessaire à l'activité des deux premières tables , les actionnaires pourront retirer les capitaux qu'ils auront versés chez messieurs les notaires désignés ; mais s'ils sont suffisans pour commencer les opérations, ils ne pourront les reprendre, et dès ce moment , ils remettront entre les mains du commanditeur le montant de la contribution aux frais d'organisation, ainsi qu'elle est établie en l'art. 37.

Art. 39. *Dispositions générales.* — Le présent sera communiqué à tous les intéressés, et sera délivré à tous les actionnaires après avoir été revêtu des formes légales, pour être exécuté selon sa teneur.

Art. 40. *Cas non prévus.* — Pour tous les cas non prévus par les statuts, il sera pris, par l'administration , les délibérations qu'elle croira les plus conformes à l'esprit des statuts et à l'intérêt des actionnaires.

Art. 41. *Renseignemens à prendre.* — MM. les notaires chargés de recevoir les soumissions des actionnaires donneront les renseignemens que l'on pourra désirer sur l'ensemble les détails des statuts de la contre-banque.

CHAPITRE III.

§ 1er.

MODÈLE D'ACTION.

CONTRE-BANQUE DANS LES JEUX DE PARIS.

ADMINISTRATION ET CAISSE.

Rue   N°

SÉRIE   REGISTRE

Ladite Contre-Banque constituée en commandite sous la
raison   par acte du   transcrit et affiché
au tribunal de commerce de Paris, le

ACTION DE

Action de   aliénée à chance aléatoire, donnant droit
au porteur à un dividende fixe de 150 pour cent par année, qui
lui seront payés par la caisse le 15 et le 30 de chaque mois, et
pendant toute la durée de la Contre-Banque, à compter de ce
jour.

Délivré à Paris, le   *Enregistré*, N°

Le Commanditeur,

Le Président de l'Administration ,   Le Caissier,

Vu par les Inspecteurs-généraux ,
                    Le Secrétaire-général ,

L'art. 1964 du Code civil permet les opérations aléatoires.

§ 2.

Tableau des avantages dont jouiront les action-
naires, à raison du montant des actions dont ils
seront porteurs.

1re SÉRIE, Action de   500 fr. par mois 75 fr. par an   750 fr.
2e SÉRIE, Action de 1,000   par mois 150   par an 1,500
3e SÉRIE, Action de 2,000   par mois 300   par an 3,000

§ 3.

DERNIÈRES OBSERVATIONS.

Nouvelles expériences avant de commencer les
opérations.

Les avantages accordés à MM. les actionnaires
sont énormes, mais la nature de l'entreprise permet de les faire aussi considérables; a ne s'agit plus
que de pénétrer les lecteurs de la bonté du système; on les a mis à même de vérifier les combinaisons. De nouvelles expériences seront faites en
présence des actionnaires ou de leurs délégués avant
de commencer les opérations; mais elles ne seront
faites qu'à ceux qui auront déposé le montant de
leurs actions, ainsi que la contribution aux frais
d'organisation prescrite par les statuts, entre les
mains de MM. les notaires qui seront alors indi-
qués.

§ 4.

Conditions auxquelles elles seront faites.

Provisoirement les personnes qui auront l'intention de se rendre actionnaires, feront passer à MM. les libraires ci-après désignés, leurs soumissions énonçant la somme jusqu'à la concurrence de laquelle ils voudront s'intéresser dans l'entreprise. Lorsqu'il y aura suffisamment de souscriptions, ils en seront avertis.

§ 5.

Actionnaires qui pourront demander qu'elles soient faites chez eux.

Les actionnaires qui auraient la volonté de s'inscrire pour une forte somme pourront demander que les expériences soient faites à leur domicile ; il sera satisfait à leurs vœux.

§ 6.

A qui l'on doit s'adresser pour cela.

Les demandes à cet égard seront adressées à MM. les libraires ci-après :

§ 7.

Libraires chargés de la vente de cet ouvrage.

Les exemplaires du présent se trouvent, à Paris,
Chez MARTINET, rue du Coq-Saint-Honoré, n. 15;

Et chez Petit, libraire de LL. AA. RR., au Palais-Royal, galerie de bois, n. 257.

Prix : 2 francs, et 2 francs 25 centimes par la poste.

Les lettres, paquets et argent devront être affranchis.

FIN.

TABLE DES MATIÈRES.

CHAPITRE PREMIER

CHAPITRE II. — ORGANISATION.

CHAPITRE III.

DE L'IMPRIMERIE DE CARPENTIER-MÉRICOURT,
RUE DE GRENELLE-SAINT-HONORÉ, N° 59.